국제PEN한국본부
창립70주년기념 시인선
08

그런 사람이면 좋겠다

신경희 시집

International PEN-Korea Center

국제 PEN 헌장

국제PEN은 국제PEN대회 결의에 따라 다음과 같이 헌장을 선포한다.

1. 문학은 각 민족과 국가 단위로 이루어지나, 그 자체는 국경을 초월하여 그 어떤 상황 변화 속에서도 국가 간의 상호 교류를 유지해야 한다.

2. 예술 작품은 인간의 보편성에 바탕을 두고 길이 전승되는 재산이므로 국가적 또는 정치적 권력으로부터 간섭을 받아서는 안 된다.

3. 국제PEN은 인류 공영을 위해 최대한의 영향력을 발휘해야 하며 종족, 계급 그리고 민족 간의 갈등을 타파하는 동시에 전 세계 인류가 평화롭게 살아갈 수 있다는 이상을 실현하기 위하여 최선을 다해야 한다.

4. 국제PEN은 한 국가 안에서나 또는 세계 여러 나라에서 사상의 교류가 상호 방해 받지 않는다는 원칙을 준수하며, PEN 회원들은 각자 국가나 지역사회에서 어떤 형태로든 표현의 자유를 억압하는 데 반대할 것을 선언한다. 또한, PEN은 출판 및 언론의 자유를 주창하며 평화시의 부당한 검열을 거부한다. 아울러 PEN은 정치와 경제의 올바른 질서를 지향하기 위해 정부, 행정기관, 제도권에 대한 자유로운 비판이 필수적이고 긴요하다는 사실을 확신한다. 이와 함께 PEN 회원들은 출판 및 언론 자유의 오용을 배격하며, 특정 정치 세력이나 개인의 부당한 목적을 위해 사실을 왜곡하는 언론 자유의 해악을 경계한다.

　이러한 목적에 동의하는 모든 자격 있는 작가들, 편집자들, 번역가들은 그들의 국적, 언어, 종족, 피부 색깔 또는 종교에 관계없이 어느 누구라도 PEN 회원이 될 수 있다.

(사)국제 PEN 한국본부 연혁

국제PEN본부는 1921년에 창립되어 2023년 3월 현재 145개국 154개 센터가 회원으로 가입돼 있는 세계적인 문학단체이다. 국제PEN본부는 영국 런던에 본부를 두고 있으며 특히 UN 인권위원회와 유네스코 자문기구로 현재 전 세계 문인, 번역가, 편집인, 언론인들의 표현의 자유를 옹호하고 인권 문제를 다루고 있는 단체이다.

한국PEN은 1954년 9월 15일 변영로·주요섭·모윤숙·이헌구·김광섭·이무영·백철 선생 등이 발기하여 같은 해 10월 23일 당시 서울 소공동 소재 서울대학교 치과대학 강당에서 창립총회를 열고 국제펜클럽한국본부로 공식 출범하였다. 국제펜클럽한국본부는 그 이듬해인 1955년 6월 비엔나에서 열린 제27차 세계대회에서 정식회원국으로 가입하고 그해 7월에 인준을 받아 오늘에 이르렀으며 2022년 3월 현재 회원 수는 4,000여 명이다.

(사)국제PEN한국본부(International PEN Korea Center)는 역사와 권위를 자랑하는 국제적 문학단체로서 회원들의 양심과 소신에 따른 저항권과 표현의 자유를 옹호하고 구속 작가들의 인권문제를 다루며 한국의 우수 문학작품을 번역,

세계 각국에 널리 알리고 우리 민족의 고유문화와 전통문화 등을 해외에 소개하는 한편 세계 각국과 문화 교류 및 친선을 도모하는 데 주도적 역할을 담당하고 있다.

1954. 10. 23.	국제펜클럽한국본부 창립
1955.	제27차 국제PEN비엔나대회에서 회원국 가입
	『The Korean PEN』영문판 및 불어판 창간
1958.	국내 최초 번역문학상 제정
1964.	PEN 아시아 작가기금 지급(1970년 제6차까지)
1970.	제37차 국제PEN서울대회 개최(60개국 참가)
1975.	『PEN뉴스』창간. 이후 『PEN문학』으로 제호 변경
1978.	한국PEN문학상 제정
1988.	제52차 국제PEN서울대회 개최
1994.	제1회 국제문학심포지엄 개최
1996.	영문계간지 『KOREAN LITERATURE TODAY』창간
2001.	전국 각 시도 및 미주 등에 지역위원회 설치
2012. 9.	제78차 국제PEN경주대회 개최
2015. 9.	제1회 세계한글작가대회 개최
2016. 9.	제2회 세계한글작가대회 개최
2017. 9.	제3회 세계한글작가대회 개최
2018. 11. 6~9.	제4회 세계한글작가대회 개최
2018. 8. 22.	정관개정에 의해 국제PEN한국본부로 개명
2019. 2.	PEN번역원 창립
2019. 11. 12~15.	제5회 세계한글작가대회 개최
2020. 10. 20~22.	제6회 세계한글작가대회 개최
2021. 11. 2.~4.	제7회 세계한글작가대회 개최
2022. 11. 1.~4.	제8회 세계한글작가대회 개최

국제 PEN 한국본부 창립 70주년 기념 선집을 발간하며

　국제PEN한국본부는 1954년에 창립되고 이듬해인 1955년 6월 오스트리아의 빈에서 열린 제27차 국제PEN세계대회에서 회원국으로 가입되었다. 초대 이사장은 변영로 선생이 맡고 창립을 주선했던 모윤숙 시인이 부이사장을 맡았다. 이하윤, 김광섭, 피천득, 이헌구 등과 함께 창립의 중심 역할을 했던 주요섭이 사무국장을 맡았다.

　6·25한국전쟁이 휴전된 지 겨우 1년이 되는 시점에 이루어 낸 국제PEN한국본부의 창립은 매우 깊은 의미를 담는 거사였다. 그동안 국제PEN한국본부는 세 차례의 국제PEN대회와 8회의 세계한글작가대회를 개최하며 수많은 국내외 행사를 주최해 왔다. 이에 내년 2024년에는 창립 70주년을 맞이하게 되어 그 기념사업의 일환으로 PEN 회원들의 작품 선집을 발간하기로 하였다.

　여러 가지 기념사업을 진행하지만 회원들의 주옥같은 작품집을 선집으로 집대성하여 남기는 일은 가장 중요하고 의미 있는 일이라 생각한다.

　시와 산문으로 구성되는 선집은 우리 한국문학사의 중요한 족적을 남기는 귀중한 역사 자료로서의 가치를 갖게 되리라고 믿으며 겸허한 마음으로 70주년을 자축하는 주요 사업으로 진행하게 된다.

　참여해 주신 회원들께 감사하며 어려운 여건 속에서도 기꺼이 출판을 맡아 준 기획출판 오름의 김태웅 대표와 도서출판 교음사의 강병욱 대표에게 심심한 감사를 드린다.

2023년 6월

국제PEN한국본부 이사장　김용재

시인의 말

처절한 몸부림, 어느 날 파산과 함께 찾아온 가난이라는 거대한 회오리 속에 서 있었다. 학문에 대한 열정을 가슴에 품고 캐나다에 도착했으나, 지붕이 기울고 기둥은 무너졌다. 이루고 싶었던 학문에 대한 간절함은 문을 두들겨도 열리지 않았기 때문에 가슴이 무너져 내렸다. 그렇게 광야 길이 시작되었고 끝이 보이지 않는 길 위에서 기다림과 그리움이 섬처럼 커졌다.

냉장고를 여니
푸른 형광색 불빛이
방긋한다.
냉장고 칸막이가
덩그러니 누워있다.
딸이 냉장고를 연다.
아무것도 없네.
딸도 누워 있는
칸막이만을 보았다.
아들이 문을 열었다.
찬바람이

광풍처럼 불어왔다.
세 사람은
그 태풍을
피할 수 없었다.
오래도록.
　　- 〈냉장고〉 전문

시는 광야에 길을 내주었고, 마른 나뭇가지에 씨눈이 되었고, 마른 우물가에 솟는 샘물이 되었다. 첫 번째 시집은 시린 광야에서 갈증으로 허기졌던 시간들을 하나로 엮었다. 긴 기다림이었다. 절망과 희망의 중간에서 방황하던 시어들 속에서 빛을 찾아가는 여정이다. 광야의 찬바람을 맞고 있을 때, 모노프로젝트 연구원(파트타임)으로 일할 수 있도록 기회를 주셨고, 딸의 학비를 가불해 주셨으며, 특히 임진왜란 관련 박사논문을 쓸 수 있도록 캐나다 UBC에서 항상 응원해 주신 허남린 교수님께 지면을 통해 감사를 드린다. 그리고 광야를 같이 걸어온 아들과 딸 가족에게 첫 시집을 바친다.

　　　　　　　　　　　　　　　　2023년 6월
　　　　　　　　　　　　　　　　　신경희

차례

국제PEN헌장 / (사)국제PEN한국본부 연혁
국제PEN한국본부 창립 70주년 기념 선집 발간사
....

008 _ 시인의 말

1부 _ 청자색 눈빛

017 _ 시 짓는 여자
018 _ 지금은 동면 중
020 _ 봄맞이
021 _ 이 고운 봄날
022 _ 연꽃 같은 사랑
023 _ 햇살 좋은 날은 외롭더라
024 _ 6월의 청보리밭에는
025 _ 청포도가 익어가는 계절
026 _ 청자색 눈빛
027 _ 가을 기지개
028 _ 가을에는
029 _ 가을엽서
030 _ 섬

2부 _ 소유할 수 없는 소유

033 _ 사랑한다는 것은
034 _ 그대의 뜨락에
036 _ 삼월의 창가에
037 _ 사랑하는 사람아
038 _ 소유할 수 없는 소유
040 _ 아직은 인연이 있을 때
042 _ 인연
044 _ 저녁노을이 남긴 말
045 _ 노을의 뒷모습이 아름답다
046 _ 가을맞이
047 _ 가을 그 쓸쓸함
048 _ 마음 녹이기
048 _ 비 맞은 가을냄새
050 _ 그런 사람이 있습니다
051 _ 그리움 닿을 때까지

3부 _ 아들아 울지마라

055 _ 주소지
056 _ 어떤 풍경
057 _ 마른 양말
058 _ 우산
059 _ 어그부츠
060 _ 가불
061 _ 스탠드
062 _ 꿈
063 _ 발
064 _ 문자
066 _ 바닷가에 사는 작은 소녀에게
068 _ 아들아 울지마라
070 _ 소보로빵

4부 _ 나는 초록의자랍니다

073 _ 기다림 1
074 _ 기다림 2
075 _ 봄 문이 열리면
076 _ 오늘은 하얀 들꽃이 피었습니다
078 _ 나는 초록의자랍니다
080 _ 침묵
081 _ 심상
082 _ 당신을 사랑하는 까닭은
084 _ 12월의 안부
086 _ 그런 사람이면 좋겠다
089 _ 이국의 장애인

5부 _ 저녁노을에 쓰는 편지

093 _ 겨울로 가는 마차
094 _ 장마가 지고 나면
095 _ 너의 정의
096 _ 이 밤이 지나면
098 _ 오늘의 기도
100 _ 빛을 찾는 사람들
102 _ 저녁노을에 쓰는 편지
112 _ 희망을 위한 노래
114 _ 가을에는 사랑하게 하소서
116 _ 연꽃잎이 필 무렵
118 _ 너와 나 사이에
120 _ 말 한마디
122 _ 아우라의 빛이 있게 하소서

124 _ 평설 | 김용재
　　　/ 가능한 성찰의 영역, 광대한 시심의 가능성을 기대하다 /

1부
청자색 눈빛

가만히 무릎 꿇고
기도를 올렸다
그리움이
줄어들 때까지만
사랑하겠습니다.

시 짓는 여자

밥을 짓는 여자도
이삭을 줍는 여자도 아닌,
두레박을 깊이 던져
정수를 끌어올려 詩를 줍는 여자
돌과 돌 사이를 돌고 돌아 부딪히며
맑은 눈물방울 뚝뚝 떨어지는 날
달빛 차가운 깊은 우물 속에
흥건히 젖은 詩 한 조각
두레박에 길러온 여자
햇볕에 말려서 시 짓는 여자.

지금은 동면 중

홍수의 언어 속에 잠식하였다.
침묵이라는 푯말을
창문에 내다 걸고
겨울잠을 자고 있다.

그리움의 독이
스멀스멀 온몸을 적시면
나는 잠자던 몸을 뒤척이며
이불을 뒤집어쓴다.

누군가에게
기별을 하고 싶다.
창에 커튼을 내리고
깊은 잠을 자고 있다고.

심장이 코를 곤다.
이별,
두려움이 온몸으로 퍼진다.
한기에 두꺼운 이불을 덮고 또 덮었다.

'동면 중'의 푯말을
창에 내다 걸었다.
이별이 없는 그곳에
내가 있다.

봄맞이

햇살이 일어나기 전에
먼저 일어나서 물을 끓였다.
검은 냄비의 큰 입에서
머리를 헤치고
현란하게 몸을 흔드는 수증기

열광의 박수소리가
냄비 속에서
함성으로 변한다.
관객 없는 공연
뜨겁게 달아오른 열기

후끈한 온기가 코끝에 매달린다.
새벽을 달려 나온 봄이
커튼 내려진 창을 세차게 흔들었다.
겨울잠을 자던 체내의 씨눈들이
화들짝 놀라 기지개를 켠다.

이 고운 봄날

수수한 옷차림에
거리를 걷고 있는 사람들
함지박에 퍼올린 햇살 좋은 웃음
손바닥에 하나 가득 담아
색깔을 입혀 바람에 날린다.
국화차 향기 그리운 날
수면에 떨어지는 빗방울의 울림처럼
이름 모를 사람들까지도 그리운 날
고즈넉한 마음속에
운석처럼 떨어지는 당신의 얼굴
봄볕처럼 눈이 부시다
당신에게 날아가고 싶다.

연꽃 같은 사랑

연꽃의 자애로움
예사롭지 않은 은은한 자태
인간사의 어지러움도
인내로만 의연한 당신
간결한 웃음
극심한 더위에도
장단에 맞추어 어깨춤을 추며
봉선화의 꽃잎에 입맞춤하는
숭고한 당신의 사랑
아지랑이 피어오르는 날
학처럼 날개를 펼쳐
당신의 사모를 닮고 싶습니다.

햇살 좋은 날은 외롭더라

햇살 좋은 날은 외롭더라
눈부시게 햇살 좋은 날은
마음이 맑아져
선명해지는 그리움이 있어 외롭더라

꽃잎의 선명한 웃음소리
허리춤에 감기는 날엔
유리구슬처럼 빛나는
그리움이 있어 더욱 외롭더라

맑은 시냇물 소리 발목을 적시는
햇살 좋은 날은 외롭더라
시린 발목 동여매고
벌판에 서 있던 그리움이 있어 외롭더라

햇살 좋은 날은 외롭더라
상한 갈대에서도 새순이 돋아나는
감격이 있는 날에는
하루 종일 눈이 부셔 눈물이 나더라

6월의 청보리밭에는

봄의 계절 문밖에는
청보리의 머리카락을 따주는
여름 햇살의 손끝에
초록이 물들고 있다.
바람의 길을 따라
청자색 파도가 일렁이는
청보리밭에는
머리를 흔들며 춤을 추는
초록냄새의 청보리
사잇길을 따라
날개를 펴는
아이들의 맑은 웃음소리
싱그러움이 뚝뚝 떨어지는
6월의 청보리밭에는
바람이 휘파람을 불고
푸른 꿈이 날갯짓한다.

청포도가 익어가는 계절

겉과 속이 닮은
연녹색의 싱그러움이
주렁주렁 매달리는
청포도가 익어가는 계절
포부를 가졌던 희망
나이 뒤에 몸을 숨기고
마음에는 이끼가 한 겹씩 쌓인 채
칠월의 싱그러움 앞에 서면
속에 있는 그늘을 하나씩 꺼내어
내 고향으로 날려 보내고 싶다.
푸른 눈빛 담아 마을 어귀까지 나와
청포도의 향기를 보내는
칠월의 문 앞에서
자동문이 열리기를 기다리는
너를 만나기 위한 설렘
손끝에 물든 초록이 내게 손을 내민다.

청자색 눈빛

라일락의 향기를
기다리며,
까치발을 들어
하얀 눈의 저편을
바라보는 시간

청자색 눈빛이
그리워 그만 울었다
바람과 파도가
숨 고르기를 하는
고요한 밤에

가만히 무릎 꿇고
기도를 올렸다
그리움이
줄어들 때까지만
사랑하겠습니다.

가을 기지개

나무가 몸을 비틀어 기지개를 켠다.
하늘에서 쏟아지는 화염
땅이 토해내는 신열
동그랗게 몸을 말아
껍질 속에 몸을 숨겨 미동도 없었다.

메마른 하늘에 마른 천둥
검게 물든 하늘
여름 끝에 머물러있다.

나무가 몸을 비틀어 기지개를 켠다.
목마름으로 지쳐있는 가지 끝으로
철석철석 가을이 불어온다.

여름 끝에 숨어있는 낙엽의 흐느낌
가을이 다가와 숨을 쉬고
동그랗게 몸을 말아
동아리를 틀었던
나무가 몸을 비틀어 기지개를 켠다.

가을에는

가을에는
산에서도, 들에서도
나뭇잎이 땅 위에 눕는다.

가을에는
바람에 몸을 일으키는 낙엽처럼
그리움이 한섬씩 몸을 일으킨다.

가을에는
바닷속에 숨어있던 연어 떼가
몸을 일으켜 섬을 만든다.

가을에는
바다마다 섬을 만든 연어들이
강을 그리워한다.

가을엽서

철석철석 불어오는 가을바람
멀리서 들려오는
아이들의 노랫소리

백사장은 비어있고
바다는 창을 내어
마을을 바라본다.

온종일 서 있어도
한곳만을 바라볼 줄 아는
가을을 지키는 허수아비

뜬눈으로 밤을 새워도
그대가 그리운 것은
내 안에 바다가 있기 때문이다.

섬

사람은 누구나
섬 하나씩 만들고 있다

사람은 누구나
섬 하나씩 가지고 있다

사람이 그리워
뭍으로 나왔다.

2부

소유할 수 없는 소유

사랑하는 이여
우리 가난하여도
마음으로 듣고
마음으로 볼 수 있으면 좋겠습니다.

사랑한다는 것은

사랑한다는 것은
나를 버리고 당신이 되는 것이었습니다.
허물을 벗고 당신에게 다가서는 것
온전히 당신의 사람이고 싶은 것.

사랑한다는 것은
당신을 지키는 것이었습니다.
나를 지키고 싶은 것보다도
온전히 당신을 지키고 싶은 것.

햇살이 구름 뒤에 숨어서
비에 흠뻑 젖어있는 어린 잎새를 지켜주고
여린 잎새가 햇살에 몸을 감아
푸른빛이 되듯이.

사랑한다는 것은
빛이 되고
비가 되고
나보다도 먼저 사랑이 되는 것이었습니다.

그대의 뜨락에

당신을 만나기 전
나는, 주인 없는 들꽃으로
찾는 이 없어도 땅을 지키는
하얀 데이지 꽃이 되고 싶었습니다.

당신을 알고부터
나는, 그대의 뜨락에
슬픈 일, 힘든 일 다 내려놓고
한 그루의 사과나무가 되고 싶었습니다.

뿌리가 깊어,
비바람이 몰아쳐도
변함없이 제 자리를 지킬 수 있는
한 그루의 사과나무가 되고 싶었습니다.

사과 한 광주리씩
나눌 수 있을 만큼
가지가지를 다 내놓을 수 있는
한 그루의 사과나무가 되고 싶었습니다.

당신을 다시 만나는 날
당신의 시선과 손길이 머무는 그곳에서
사과 향기 그윽한 사랑을 나눌 수 있는
한 그루의 뿌리 깊은 나무가 되고 싶었습니다.

삼월의 창가에

서쪽 하늘의 아기 구름처럼
정처 없이 떠돌다,
사랑을 만나 쉬고 싶었습니다.

덜커덩 창문이 흔들리며
예고 없이 찾아와 서성이는 빗줄기처럼
당신은 아직도 창가에 성애로 남아있습니다.

뜰 안에 꽃비가 내리는 날
삼월의 창가에
사시사철 푸른 솔 향기가 스며듭니다.

당신이 오시는 소식인 줄 알았습니다.
행여 당신이 문 두드리는 소리일까,
아! 여전히 시샘하는 바람 소리뿐 이었습니다.

사랑하는 사람아

사랑하는 사람아
오늘도 진홍빛 저녁노을이
하늘가에 걸려
바다마저 붉게 타오르고 있다.

사랑하는 사람아
다 주어도 아깝지 않은 내 그리움
끝내 네게 닿지 못하고
노 젓는 달빛 아래 하얀 박꽃이 되어버렸다.

사랑하는 사람아
너의 침묵이, 때로는
숨넘어 갈듯 아픈 날이 있었다.
그러나 나는 침묵하여서 사랑하였다.

사랑하는 사람아
해 질 녘 피어나는 박꽃의 긴 그리움
밤새 속살 고운 모습으로
나는 오늘도 너의 안녕을 묻는다.

소유할 수 없는 소유

당신은
소유할 수 없는
소유를 알고 있나요.

몇 푼의 동전만으로도
이 세상을 가슴에 안을 수 있는 소유
집이 없어도
이 세상 천지가
다 내 마음속에 있는 소유

당신은
소유할 수 없는
소유가 있음을 알고 있나요.

깊은 산속에서 조용히 흐르는
계곡의 물소리
사사삭 사사삭
나뭇잎새의 몸 부비는 소리

가을의 푸른 창공 아래
넓게 펼쳐진 황금 들녘

그 위를 낮게 비행하는
하얀 백로의 날갯짓 소리

마음에서 마음으로 흐르는
사랑의 소리
영혼에서 영혼으로 흐르는
그리움의 소리

사랑하는 이여
우리 가난하여도
마음으로 듣고
마음으로 볼 수 있으면 좋겠습니다.

마음과 마음이 맞추어지는 소리
영혼과 영혼이 맞추어지는 소리
마음속의 소유가
더욱 아름다운 것을

사랑하는 이여
우리 소유할 수 없는 소유를 만들어보아요.

아직은 인연이 있을 때

소리 없는 밤이슬
새벽을 적시고
세상이 버려진 어둠 속
축축한 한기에 몸이 시린 날
가을은 머물다 그리움을 남긴다.

산마다 깊은 계곡
숨을 죽여 흐느끼나니
듣는 이 없어도
애달픔은 세월 따라 흐르고
바람은 머물다 외로움을 남긴다.

세상이 나를 버려도
세상을 버릴 수 없었던 나는
마지막 남은 열정으로 당신을 사랑하나니
몸을 불태워 당신에게 달려갔으나
뒤돌아보면 언제나 제자리.

아직은 인연이 있을 때
서둘러 목 놓아 울지는 말아야지
사랑도 깊어지면 외로운 것을

당신을 보내고 가슴에 섬 하나 만들어
등대가 되기까지 차라리 그리워해야지.

인연

실타래에 한 줄씩 감았습니다.
이름 모를 여인네의 웃음까지도
스쳐가는 하나의 인연이기에
오십보 가다 잊혀 질지라도
인생의 실타래에 매어두었습니다.
질경이보다 더 질긴 인연
라디오에서 흘러나오는
비틀즈의 렛잇비가
가슴에서 방망이질을 합니다.
기억 속에 오래 머문 당신
술 한 잔의 흔들림 속에
흔들려오는 미소와 마주하는 가슴에는
알 수 없는 습기가 촉촉하여
술 한 모금 따가운 목으로 넘깁니다.
은하수 길을 따라
반딧불처럼 당신을 향해 날아가던
가을 어느 날,
인연은 어둠 속에서도
소멸하지 않는 한 줄기의 빛으로
가슴에 남는 것.
연소하는 가을 낙엽들의 속삭임처럼

바스락거리면서 걸어 나오는
사랑이라는 이름의 그대, 인연.

저녁노을이 남긴 말

바닷가 모래밭에서
발목을 적시고
저무는 해를
오래도록 바라본 사람은 안다.
화려한 파도 소리 저편에
쓸쓸한 가을바람이 살고 있다는 것
사람냄새 그리워
귀를 쫑긋 세운 달빛에
온몸을 맡기어도
발목에 감기던 모랫 바람이 빠져나가듯이
빠져나가는 물살의 외로움.
노을이 남긴 말
사랑한다는 그 한 마디
밤이 차오르는 바닷가에 오래도록 서서
나는, 노을에게 답을 한다
나도 사랑했다고.

노을의 뒷모습이 아름답다

하루 종일 호수에 몸을 담그고
나와 놀던 청자색 산 그림자
산으로 돌아가는 저녁

서산 너머 제 갈 길을 재촉하던
붉은 태양이, 산 위에 반쯤 걸터앉아
발길을 멈추었다.

어둠을 세상에 보낼 때마다
노을은 그렇게 제 몸을 태우고
하늘은 조용히 물들어 주었다.

바다가 말없이 노을을 식혀주며
흔들리는 파도가
자장가를 부르는 저녁

붉어진 얼굴을 산등에 묻으며
스르륵 창을 닫는
노을의 뒷모습이 아름답다.

가을맞이

결이 고운 청자색의 치마폭에
혼을 그려 놓으리

은빛의 바다 물결 마주하며
평화의 음성 새기리

화려하게 몸단장을 하고
맞선을 보리

저 멀리 보일듯한 갈색과 자색을 섞어
이 한몸 들꽃이 되리.

가을 그 쓸쓸함

아무리
화사하게 화장을 하고
옷으로 치장을 하여도
화려한 옷 밑에 있는
이글 어진 속살이 슬프다.

장미처럼 붉은 웃음
눈부신 햇살 아래
스프링쿨러로 싱싱하여도
꽃잎에 가려진
가시 찔린 가슴이 아프다.

파도가 멈추고
열풍이 삭히는 가을저녁
물살을 어루만져주는
투박한 손이
눈물겹도록 서럽다.

마음 녹이기

다가서기 전에 어찌 알 수 있을까요.
음률의 한 가락에 어깨를 덩실거릴 수 있음은
마음에 흥이 있음이지요.
글썽이는 눈물을 보지 않고서야
어찌 가시 찔린 마음을
알아볼 수 있을까요.
을씨년스런 가을 끝자락에 서성이는
기차의 먼 기적소리
대지에 등을 기대 돌아눕는
가을을 보내는 낙엽 천사들
하늘이 다가선 눈빛에 마음을 녹이고
기다림의 마지막 성화를 올린
나뭇잎이 누워있는 산지의 숲 가장자리에
어둠 속에 빛나는 아기별 하나 다가옵니다.

비 맞은 가을냄새

아스팔트 위로
가로등 불빛이 젖어있다.
정적을 삼키며
달려가는 자동차의 불안한 소리
한적한 마음 한 자락에
가을 냄새나는 너의 뒷모습이
내게 던져졌다.
신열로 앓았던 지난 여름,
흔적으로 남겨진
물빛 먹은 진한 갈색 나뭇잎,
짙어진 너의 가을이 되어
내게 와서 나를 흔든다.
비 맞은 가을 냄새로
오늘도 너는 그렇게 내게로 왔다.

그런 사람이 있습니다

온다는 기별이 없었는데도
기다려지는 사람이 있습니다.

후드득 창가에 부딪히는 빗소리에
행여 그대 비를 맞으며 오는 것은 아닌가
우산을 들고 문밖을 서성이게 하는
그런 사람이 있습니다.

온다고 기별은 해놓고
오지 않는 사람이 있습니다.

잘 찾아오리라 믿었기에
처음은 그냥 시간을 기다렸습니다.
온다는 기별이 해가 바뀌었는데도
아무 소식이 없습니다.

이제는, 사람이 기다려지는
그런 사람이 있습니다.

그리움 닿을 때까지

그리움이 섬처럼 커질 때
나는 외로웠고
그리움이 산처럼 커질 때
나는 고독하였다

스치는 바람소리에도
그리움을 실었고
창문에 부딪히는 빗소리에도
그리움을 실었다.

그리움이 섬처럼 커질 때
외로움에 물든
내 그리움을 반으로 접어서
너에게 보냈다

서러움에 젖은
내 그리움을 반으로 접어
너에게 보냈다
나의 그리움이 네게 닿을 때까지.

3부
아들아 울지마라

내, 비록 해 줄 수 없으나
너를 위해,
두 손을 모아 정성으로
기도하는 네 어미가 있으니
그 기도를 들어주는
너의 하나님이 있으니
아들아 울지 마라.

주소지

여기 기웃 저기 기웃
어디에 주소지를
옮겨야 할까.
남동생은
아버지를 모시고 있으니
미안하다.
여동생은
남편 눈치 보느라
미안하다.
찬바람이 가슴속으로
푹푹 빠져 들어온다.
조선의 백자 항아리가
주소지가 없었던 것처럼
나의 백자 항아리
아들과 딸의 주소지가 없어
애끓는다.

어떤 풍경

좁은 방
무더위에 잠을 잘 수 없다.
뒤척일 때마다
침대가 끼익 끼익 운다
물방울이 떨어져
천정을 보았다.
이미 오래전
빗물에 의해 색이 바랜
벽지가 쿵쿵거린다.
에어컨이
테이프로 몸을 칭칭 감고
깁스를 하고 있다.
그 사이로 물방울이 떨어진다.
모기 한 마리 윙윙거리며
함께 살자 한다.

마른 양말

아들의 운동화가 구멍이 났다.
진열장의 운동화를 오래도록 보았다.
살 돈이 없으니 그림의 떡이다.
목구멍이 뜨거워져 먼 하늘을 보았다.
아침, 비가 내린다.
학교 갈 아들을 향해!
아들아,
비가 오네.
양말 하나 더 가지고 가.
젖은 양말로 수업을 할 수는 없다.
비 오는 날,
아들의 책가방에는
남모르는 비밀 하나 숨겨져 있다.
잘 마른 양말 한 켤레
책가방 한 귀퉁이에 오롯이 있다.

우산

비가 많은 나라에서
우산이 없다.
아들은
후드 모자를 쓴다.
엄마!
이럴 때는
모자를 쓰는 거지.
요즘 이런 비에
우산을 쓰는 사람은
촌스러운 사람이에요.
그 한마디
가슴에선 우산을 펼쳤다.

어그부츠

생일이라고
어그부츠 선물이다.
겨우내
단화 한 켤레
소녀의 발을
춥게 하였다.
낡은 운동화 한 켤레,
없었던 시절
이웃 아줌마가
발이 시렸나 보다.
어그부츠 생긴 그날 밤
밤늦도록
소녀는
눈 쌓인 언덕을
밟고 또 밟았다.

가불

아이 학비가 밀려서
수업을 받지 못해서요.
시험도 볼 수가 없어서요.
시스템상 가불은 어려워요.
빌려드릴게요.
말없이 체크를 쓰시고
체크를 건네주셨다.
가슴이 떨렸다.
존경하는 스승님이시다.
딸의 학비는
그렇게 준비되고
아들은 가불과
학비 수납을 위해
끝까지 동행해 주었다.
외롭지 않도록.

스탠드

거실 귀퉁이에
목이 돌아가고
얼굴이 다 찌그러진
세워놓는 스탠드가 있다.
옆집 중국 아저씨가
이사 가면서 버리고 간 것이다.
모양새는 그래도
침침한 거실에 어둠을 밝히는
빛나는 얼굴의 한 식구다.
그저 모셔오니 효도한다.
말수도 없다.

꿈

집에 들어서니
낯선 사람들이 웅성인다.
무슨 일인가요.
사모님 집 팔린 것 모르셨어요.
화들짝 눈을 떴다.
깊은 새벽꿈이다.
며칠 후
친정어머니께서 전화하셨다.
너의 아파트 경매 들어간다는데
알고 있는 거니.

발

밖은 어둡다.
겨울 찬 바람에
집이 없는 겨울나무가
언 발을 땅속에
깊이깊이 묻는다.
돌아갈 집이 없는 등대도
겨울바다에 발을 담근다.
온몸이 시리도록
푹푹 빠진다.

문자

(1)
엄마
나 교실 밖에 나와 있어요.
왜
학비 내지 않아서
계정이 막혀
시험을 볼 수 없대요.
교실에서 쫓겨났어요.

(2)
엄마
숙제만 내고
집에 가야 할 것 같아요.
왜?
학교 계정이 막혀
컴퓨터가 열리지 않아요.
밤새워 숙제했으니
숙제만 내고
수업은 할 수가 없어요.

(3)
학비가
도저히 어려운데.
어쩌지.
괜찮아요.
한번
더 쫓겨날게요.

(4)
오늘은
집에서 일해야겠다.
엄마!
차비가 없는 거죠.

바닷가에 사는 작은 소녀에게

바다의 창이 흔들리는 날
봄비가 내리기 시작하였습니다.
바다의 소녀는
끝없이 펼쳐진 바다 물결 위로
작은 비상구를 내어
계단을 하나씩 내려갔습니다.
작은 물방울의 물보라가
하나씩 퍼져나갈 때
봄바람은 바다의 창을 흔들고
바다로 내려진 비상구는
소녀의 가슴에
봄 길을 내어주었습니다.
봄비가 작은 소녀의 가슴에
희망의 꽃을 피우고
어른이 되어 꽃향기를 날라다 주는
꽃이 되기를 기도했습니다.
소녀의 가슴에
꽃향기가 가득한 봄날을 기다리며,
추운 겨울이 지나야지만
봄 햇살이 아침을 열어 준다는 것을
깨달을 날도 있겠지만

소녀의 가슴에는
언제나 봄날의 아침처럼
맑은 새소리가 들렸으면 좋겠습니다.

아들아 울지마라

아들아 울지 마라.
너의 달기똥 같은 굵은 눈물이
두 볼을 적실 때면
내 가슴속에는
피의 눈물이 흥건히 젖어간다.
아들아 울지 마라.
가난이 아무리 힘들어도
사랑하는 사람을 잃은 것보다
더 아프겠느냐.
지금은 어둠 속에서
혼자 방황하는 것 같아
외롭고 고독하여도.
아들아!!
너를 위하여
밤새 기도하는 어미가 있고
그 기도를 들어주는
너의 하나님이 있으니
가난은 위대한 사랑을
네게 줄 것이며
가난은 아픈 자와 약한 자를 이해하며
감싸 안을 수 있는 방법을

네게 줄 것이니.
아들아!!
사랑을 배울 수 있는
이 가난이 얼마나 소중하느냐.
아들아 울지 마라.
네가 갖고 싶은 것
네가 먹고 싶은 것
네가 가고 싶은 곳
내, 비록 해 줄 수 없으나
너를 위해,
두 손을 모아 정성으로
기도하는 네 어미가 있으니
그 기도를 들어주는
너의 하나님이 있으니
아들아 울지 마라.

소보로빵

소년체전 준비를 위해
4시간 이상씩 수영 연습할 때
간식으로 먹던 소보로빵
캐나다 밴쿠버에서 만났다.
아들이 옆에서
와- 소보로 빵이다.
엄마 먹어도 돼요?
가슴이 뛴다.
응 그럼.
두 개 먹어도 돼요.
다리가 후들 거린다.
합하여 4불 정도
총 재산 7불.
윌 스미스의 손떨림이
되살아난다.
행복찾기 영화에서
윌스미스가
아들에게 초콜릿을
사줄 때의 영상이
크게 흔들려 왔다.

4부

나는 초록의자랍니다

언제나 제자리에서
햇살과 함께 기다리기도 하고
쏟아지는 쏘낙비와 함께 기다리기도 합니다.

기다림 1

동쪽 하늘 문지기
대문을 활짝 열어 어둠을 거두면
양지바른 돌담 아래
호젓이 피어나는
잎 큰 노란 호박꽃

바닷가 언덕 위에
빨간 우체통
기다림이 꾸역꾸역 숨이 차오르고
몸을 일으켜
바다 위에 섬을 만든 연어 떼

그리움은
지친 파도소리 숨을 고르며,
저녁노을 파고드는 가슴바다에는
기다림의 진홍빛이
꼬리를 흔든다.

기다림 2

서러운 마음이야
정으로 이어진 인연의 끈이어라
문설주에 기댄 기다림은
학鶴이 되어 버렸으니
하늘은 높고 푸르러라.
기차 소리 멀어지는 그믐날에는
모과나무 향기를 찾아볼까나.
꼬리 긴 여운의
지난날의 추억이 숨 쉬는
나무 그늘 아래에서.

봄 문이 열리면

당신은 지금 어디쯤에서
오시고 계십니까.
햇살이 눈이 부십니다.
당신에게 가지 못한 지난 겨울
창밖의 앙상한 나뭇가지만큼
내 마음도 앙상하게 작아졌습니다.

겨우내 생각해 보아도
그리움이 있다는 것은
존재한다는 것이기에
가슴만을 쓸어내렸습니다.

당신에게 가지 못한 지난 겨울
아득히 먼 하늘 끝에
날마다 붉은 장미 한 송이를
그려 넣었습니다.

기다림이 있다는 것은
살아간다는 의미이기에
오늘도 망설임 없이
등불 하나 내다 겁니다.
봄 문이 열리면,
당신이 서 있을 것 같기 때문입니다.

오늘은 하얀 들꽃이 피었습니다

당신이 머물던 그 자리에
오늘은 하얀 들꽃이 피었습니다.
어린 시절 들꽃처럼 당신은
넓은 들판을 뛰어다니며
꿈을 키웠고,
사랑도 꿈을 꾸었습니다.

당신이 호흡하던 그 자리에
오늘은 가랑비가 놀러 나와 있습니다.
맑은 시냇물 흐르는 냇가에
풀잎 같은 당신의
두근거리는 마음
물보라가 되었습니다.

저녁 노을빛에
당신이 노을이 되었던 그 자리에
저녁 바람이 불고 있습니다.
징검다리 만들어 놓고
기다리는 그곳에
어느새 하늘이 물들어가고 있습니다.

당신은 어디서
얼마만큼이나 어른이 되어있을까요.
두근거리는 마음
저 물빛에 띄워 보냅니다.
오늘은, 당신도 저 냇가에 나와 앉아
가만히 귀를 기울이고 있겠지요.

나는 초록의자랍니다

당신을 처음 만났을 때.
나는 초록의 의자로
이 세상에 다시 태어났습니다.

초록색의 옷을 입고
어린아이도 만나고
친구도 만나고, 당신도 만났습니다.

때로는,
외지팡이의 흔들림과 함께 찾아온
이름 모를 노인도 만났습니다.

나는 언제나 초록의자로 있습니다.
처음 당신을 만났던 그 모습으로
늙지도 않고 변하지도 않습니다.

언제나 제자리에서
햇살과 함께 기다리기도 하고
쏟아지는 쏘낙비와 함께 기다리기도 합니다.

안개꽃 다발을 만들어 놓고 기다리기도 하고
때로는 장미 한 다발을 만들어 놓고 기다리기도 합니다.
나는 당신을 처음 만났던 그대로 초록의자랍니다.

당신이 찾아와 쉬어가라고
아침이 되면 일어나 햇살로 몸을 따뜻하게 데우고
저녁이 되면 저녁노을에 얼굴을 붉힙니다.

행여 당신이 찾아와 말을 걸어 줄까, 가슴 설레며
초록의 몸을 단정히 다듬는
당신을 기다리는 처음 그대로의 초록의자랍니다.

침묵

나지막이 속삭이는 말보다
나를 세차게 흔들었던 것은
당신의 침묵이었습니다.
침묵이, 나를 지키고
너를 지키고
우리를 지키는 것.
조용한 당신의 먼 눈빛이
조용히 스며드는 저녁
침묵의 열병은
비로소 사랑을 알아가는
외로움의 종착역.
나직이 속삭이는 말보다
더 외로운 것은,
깊은 정적 속에 흐르는
말 없는 당신의 눈빛이었습니다.

심상

심장은 뛰는 줄만 알았더니
듣기도 하는구나.
먼 옛날 입술을 떨어
풀피리를 불었던
아름다운 사랑의 그 입술은
지금은 어디에 있는가.

가슴은 따뜻한 혈의 움직임만 있는 줄 알았더니
텅 빈 대나무 속의 바람소리 들리는구나.
사람은 누구나
채워지지 않는 허기를
한 가지씩 가슴에 안고
살아가는 빈곤함이 있으니

심장이 가파르게 뛸수록
헐벗은 나뭇가지 몸을 흔들고
새벽 뿌려진 바다
등대도 지금쯤은 눈을 감고 있겠지.
첫눈 오시는 밤에는
옛 소라의 몸 뒤척이는 소리 세차게 들려온다.

당신을 사랑하는 까닭은

설령,
이 세상의 모든 사람이
당신을 떠난다고 할지라도
나는, 오직 당신에게 남는
단 한 사람이고 싶기 때문입니다.
당신의 풍요로움이 나의 풍요로움이요.
당신의 가난도 나의 가난이요.
당신의 기쁨이 나의 것이며
당신의 눈물도 나의 것이기에
당신이 바로 나이기에
당신을 사랑합니다.
나의 거친 황색의 피부와
나의 검은색의 짧은 머리와
언어의 홍수 속에 일어난 언어의 장애와
나의 그 절망까지도
품어줄 수 있는 당신이기 때문에
당신을 사랑합니다.
나의 심장은 당신에게만 뛰었고
나의 외모는 당신을 닮았으며
나의 입술은 당신만을 불렀고
나의 언어는 당신을 표현할 수 있는

오로지,
당신에게만 동화될 수 있기 때문입니다.
비록, 당신을 떠나 어디에 있어도
당신을 위해 죽고
당신을 위해 살고 싶은 그 심장이
쿵쾅거리고 있는
오늘과 내일이 있기 때문입니다.

12월의 안부

서리 맞은 나뭇잎처럼
가슴은 시렸습니다.

당신에게 닿기 위해
돌부리에 넘어지며
돌돌거리는 시냇물처럼
굽은 길 곧은 길을 몇 겹을 돌아
강물이 되었습니다.

세상이 잠든 후에도
소리 없이 흘러가는 세월처럼
묵묵히 바다로 향하는 마음
때로는 세상을 할퀴기도 하고
때로는 아름다운 꽃향기를
전해주는 바람과 친구가 되어
당신에게로 갔습니다.

서리 내린 꽃잎처럼
가슴이 시립니다.

반짝이는 은빛의 수정처럼
당신에게 빛나고 싶습니다.
당신의 아름다운 눈 속에
살아 움직이는 하나의
눈꽃이고 싶습니다.

서리 내린 얼굴이
차갑기만 합니다.

긴 기다림 저편에 있는
푸른 바다를 기다리며
오늘도 당신께 안부를 묻습니다.

그런 사람이면 좋겠다

금싸라기 같은 아픔이 없는 사람이 어디 있을까
나는 아픔이 있는 사람이 좋다
그러나 그 아픔으로 인하여
비판적이지 않으면 좋겠다.
디딤돌로 만들어 한 뼘씩 커가는
그런 사람이면 더욱 좋겠다.

일부러 시련을 겪고 싶은 사람이 어디 있을까
나는 시련 속에 꽃으로 피어난 사람이 좋다
그러나 그 시련으로 인하여
부정적이지 않으면 좋겠다
그늘진 삶을 이해하는 따뜻한
그런 사람이면 더욱 좋겠다.

봉황은 살아있는 벌레도 먹지 않고
살아있는 풀 위에도 앉지 않는다고 한다.
생명의 존귀마저도 잊혀지며
무감각해지는 곽곽한 이 사회 속에서도
벌레 하나의 생명과
살아있는 풀 하나까지도 소중히 여기는
그런 사람이면 좋겠다.

채찍으로 달려온 삶의 현장에서
어느 한 귀퉁이 서러움이 없었던 사람이 있을까
나는 눈물이 있는 사람이 좋다
아프면 아프다고 말을 할 줄 알고
흔들리는 술잔 위에 머리를 기대며
눈물을 흘릴 줄 아는
그런 감성이 살아있는 사람이면 좋겠다.

감미로운 사랑을 좋아하지 않을 사람이 어디 있을까
나는 사랑이 많은 사람이 좋다
뜨거운 사랑을 싫어하는 것은 아니지만
처음과 끝이 똑같은
헤프지 않은 사랑이면 좋겠다.
가볍지 않은 사랑이면 더욱 좋겠다.

온화한 미소를 좋아하지 않을 사람이 어디 있을까
나는 미소가 많은 사람이 좋다.
호탕하게 웃을 줄 알면서도
때로는 온화한 미소 하나가
어떠한 위로의 말보다도
힘과 용기가 된다는 사실을 알고 있는
그런 미소가 많은 사람이면 더욱 좋겠다.

도도하면서도 당당한 사람이 되고 싶지 않은 사람이
어디 있을까
　나는 도도하면서도 당당한 사람이 좋다
　그러나 그 당당함이 지나쳐
　자기 우월주의에 빠지지 않는 사람이면 좋겠다.
　당당하면서도 자애로움이 몸속에 스며있는
　배려가 많은 사람이면 더욱 좋겠다.

이국의 장애인

넓은 이국땅 한 모퉁이에
작은 등불 밝히고
마음의 정죄로 홀로이 앉았나니.
언제부터 시작되었나
이 언어의 장애는.
끓어 오른 열정 토해내고 싶어도
반은 벙어리요
반은 귀머거리라.
가슴은 쩔쩔 끓어
붉은 선혈 목줄기를 타고 올라와도
누구의 쇄국령인가.
입은 열리지 않고
마음만 빈집인 줄 알았더니
하얀 머릿속에
회오리만 요란하다.

5부
저녁노을에 쓰는 편지

울고 싶다는 것은
아직 살아있다는 것이 아닌가
눈물이 흐른다는 것은
아직 존재하고 있다는 것이 아닌가

겨울로 가는 마차

외로울 때는
깊은 겨울로 떠나고 싶다
겨울로 가는 마차를 타고
어느 별에서 반짝이고 있을
나만의 별을 만나기 위해
세상의 시름은 돌팔매로 던져버리고
잠 못 이룬 갈대들이
젖은 강가에 나와 앉아
속으로 울음을 삼키듯이
며칠이고 그렇게 서럽게 울다가
겨울로 가는 마차에 몸을 싣고
나만의 이름을 만나기 위해
깊은 산으로 들어가고 싶다.
덜컹거리는 마차 속에는
끝내 만나지 못한 사랑과
쇼팽의 야상곡이 있으면 더욱 좋겠다.
처연한 그리움이 가슴을 칠 때면
고독의 쓴맛 에스프레소로 한잔 마시고
겨울로 가는 마차에 몸을 실어
깊은 겨울로 떠나고 싶다.

장마가 지고 나면

무슨 사연이 있길래
저리도 세차게 창문에 와서
부딪히고 가는 것일까
며칠이고 저토록
몸부림을 치다 보면
햇살은 얼굴을 내밀겠지
세상의 가난한 자를 위하여
세상의 고독한 자를 위하여
며칠이고 쉬지 않고 울어보는,
저 장마가 지나면
폭풍이 지나간 흔적처럼
고요함이 찾아오리라
가슴에 담아 놓았던
아픔과 슬픔을 장맛비는
끝없이 씻어내고
창문을 때리는 빗소리와 함께
속에 가두어 두었던
응어리 한 덩어리 토해내어
빗물에 실려 보내고 나면
비 갠 오후의 찬란함이
빈 가슴에 무지개로 피어나리.

너의 정의

너의 '정의定義'는
행동에 있는 것이 아니라
너의 내면에 있다.

내면은 채워지지 않았는데
행동이 앞서면
속 빈 수수깡 같고,

내면은 닦지 않고
말만 앞서면
소통이 없는 소리만이 요란하다.

"너"라고 하는 정의定義는
행동이 수반된 내면이 있을 때
비로소 진정한 '너'라고 정의할 수 있다.

이 밤이 지나면

사랑의 빛을 찾아가게 하소서
이 밤도 가슴 헤집어 놓은
많은 사연들, 어느 모퉁이에서
길을 잃고 있습니다.

곪아 터진 상처 위로
새살이 돋아나도록
한 줄기 빛을
이 밤이 지나면 비춰 주소서.

어느 이름 모를 골목
휘휘 돌다가
길을 잃고 서 있는 영혼 위에
찬란한 햇살이 있게 하시고,

어항 속을 헤엄치 듯
갇혀 있는 영혼들에게
푸른 하늘을 내어 주시는 이여,
자유를 허락하시는 이여,

이 밤이 지나면
당신은 빛으로 오셔서
속으로 삼키는 눈물들을
하나씩 거두어 주소서.

오늘의 기도

나의 기쁨이
타인에게 아픔이 되지는 않는지
돌아보게 하소서
나의 즐거움이
다른 사람에게 슬픔이 되지는 않는지
옆을 보게 하소서
살아가다가
벼랑 위에도 서보고,
젖은 땅 위에서 넘어져도 보고
커튼 내려진 창에
오래도록 갇혀 있는
아픔 많은 사람을 사랑하게 하소서
먼 하늘가에 피어나는 물안개
바람의 날개를 타고
날아오르듯이
우리의 아픔이
날개가 되게 하시고
우리의 기쁨은
슬픈 이들을 위하여
조금은 아껴두게 하소서
사랑이 필요한 사람을 위하여

가만히 두 손 모으는
작은 손길에 정성이 있게 하시고
희망을 찾아가는 발길이
멈추지 않도록
그 한 발자국을 위하여
눈물로 두 손 모을 수 있도록 하소서
오늘도
상처 난 날개가
세상의 타깃이 되지 않게 하시고
다시 일어서는
회복의 날개 위에
황금빛 햇살을 비추어 주소서.

빛을 찾는 사람들

어둠에 서 있었기에
빛을 알았습니다.
암흑 속의 오랜 방황이
이 세상에 혼자라는 것도 알았습니다.

한낮에 혼자 서 있는 허허로움
문득 눈을 들어 하늘을 보니
눈부신 햇살이 어깨 위에 앉아있는
그 외로움과는 또 달랐습니다.

내일은 무얼 먹을까
걱정하고 나서야
가난이 무엇인 줄 알았습니다.
가난은 불편할 뿐이라는 말,

호화롭고 화려한 말이라는 것을 알게 되었습니다.
깊은 심연 속에 갇힐수록
외로움을 가슴으로 끌어안을수록
고독이 불을 밝혔습니다.

어둠 끝에는 빛이 있었습니다.
어둠 속에 있어서야 빛이 보였습니다.
한 줄기 빛의 소중함을
그때서야 알았습니다.

어둠 속에 있고 나서야
아려오는 아픔들이 녹아내려서
또 하나의 희망을
만들어낸다는 것을 알았습니다.

어둠 속에 서 있기 때문에
빛을 찾는 사람들
그 속에 내가 있어
혼자가 아니라는 것도 알았습니다.

저녁노을에 쓰는 편지

(1)
여보게 친구
언덕을 넘어야
건너 마을이 보이지 않겠나

힘들게 산 정상에 올라야
산 너머에 또 다른 산이 있음을
알지 않겠나
힘들게 산꼭대기에 올라서야
신선한 공기를 호흡하고
넓은 세상을 가슴으로 안을 수 있지 않겠나

여보게 친구
정상에 올랐다고
끝이 아니지 않나
이제는 내려가야 하거늘
오를 때 보다 더 힘든 것이
내려오는 것이 아니던가

오를 때 보다 더 힘들게
내려온 사람은

산은 높고
산 아래에는 계곡이 있고
계곡을 지나면
또 넘어야 할 산을
만날 수 있음을 알지 않겠나

여보게 친구
힘들어하지 말게
내려오면
또다시 오를 수 있지 않은가

(2)
여보게 친구
너무 힘들어하지 말게
너무 슬퍼하지도 말게
우리의 삶이 아무리 고달파도
지나고 보면 잠시 쉬어가는
바람 같지 않은가

무엇이 그리 바쁜가
조금씩 쉬어가게나

동동거리지 말게
우리 인생이란
잠시 다녀가는 소낙비처럼
이 세상을 소풍하는 것이 아닌가

여보게 친구
무엇이 그렇게 아쉽나
보기 좋은 커다란 집
보기 좋은 커다란 자동차
어차피 놓고 가야 하는 것을

슬퍼하지 말게
만나면 헤어지고
헤어지면 만나는 것이
인연의 법칙이 아닌가

아파하지 말게
그리움이 있어 좋지 않나
보고픔이 있어 좋지 않나
가슴속에 오솔길을 만들어
함께 호흡하면 되지 않겠나

(3)
여보게 친구
잘 닦여진 고속도로
커다란 그렌저를 타고
질주하며 달린다 하여
다 행복하겠나

여보게 친구
때로는
덜컹덜컹 비포장도로
먼지 바람 일으키며
달려보지 않겠나

인적이 드문 시골길
닦여지지 않은 돌과 흙이
어우러져 있는
울퉁불퉁
먼지 바람의 비포장도로
혼자서 간다고 슬퍼하지 말게

앞서간 사람들 있었고

또 뒤에 오는 이 있다네

너무 빨리 달려 볼 수 없었던
산과 들의 조화를
느낄 수 있지 않나
덜컹덜컹 힘은 들어도
꽃잎을 볼 수 있고
나뭇잎을 볼 수 있고
농부의 땅을 볼 수 있지 않나

바람에 흔들리는
나뭇잎과 악수를 하고
떨어지는 꽃잎에
입맞춤을 하고
피와 땀이 담겨있는
황금밭 농부의 땅을
가슴으로 느낄 수 있지 않나

여보게 친구
잘 닦아 만들어진 길
서둘러 달려가다 보면

신이 우리에게 준 혜택을
깨다를 수 있겠나

마음의 풍요로움이
곧 행복이거늘
소유할 수 없는 소유를
배워가는 것이
우리의 인생 아니겠나

여보게 친구
서두르지 말게
옆도 보고
앞도 보고
뒤도 보면서
우리 천천히 돌아서 가세
어차피 세월은 빨리 흐른다네
서두르지 않아도
시간은 빨리 흐른다네.

(4)
여보게 친구

욕심을 가지지 말게
욕심을 가지면
마음이 초조하다네
욕심을 가지면
마음이 불안하다네

여보게 친구
이제 우리
욕심과 꿈을
구별할 줄 알아야 되지 않겠나
집착과 사랑을
구별할 줄 알아야 되지 않겠나

절망과 희망이 공존하고
삶과 죽음이 공존하고
슬픔과 기쁨이 공존하는 세상에
우리가 살아가고 있지 않나

물질에 대한 욕심
명예에 대한 욕망
자식에 대한 집착

세상의 욕심에 묶이면
마음이 빈곤해지지 않나
정신이 황폐해지지 않나

여보게 친구
욕심을 버리면
마음이 풍성해진다네
자유를 얻을 수 있다네
욕심을 놓아버리면
자연의 조화를 느낄 수 있고
자연이 우리에게 주는 진리를
깨달을 수 있다네
비로소
소유할 수 없는 소유를 알 수 있다네.

(5)
여보게 친구
화려하게 보인다 해서
다 행복한 것은 아닐세
행복해 보인다 해서
반드시 행복한 것은 아니라네

사람은 누구나
아픔 하나
슬픔 하나
가지고 살고 있다네

여보게 친구
울고 싶을 때는 소리 내어 울게나
서러울 때는 부끄러워하지 말고
마음껏 울게나
울고 싶다는 것은
아직 살아있다는 것이 아닌가
눈물이 흐른다는 것은
아직 존재하고 있다는 것이 아닌가

혼자만 힘들다고 슬퍼하지 말게
혼자만 고통받는다고 아파하지 말게
많이 가졌다고 행복한 것이 아니라네
높은 지위에 올랐다고 행복한 것은 아니라네
잃는 것이 있으면 얻는 것이 있고
얻는 것이 있으면 잃는 것이 있지 않나

여보게 친구
신은 모든 것을 다 주지는 않는다는군
나만 아픈 줄 알았는데
남들도 아파하고 있었네
나만 힘든 줄 알았는데
다른 사람들도
남모르는 눈물이 있었네.

희망을 위한 노래

내 안에 상한 갈대가 많다고 해서
꽃이 피어나지 않는 것은 아니다
속 안에 사랑이 많아 상처가 된 것을
그만큼의 크기로
그리움도 배워 간다.

내 안에 눈물이 많다고 해서
꽃으로 피어나지 못하는 것은 아니다
사랑이 사랑을 알아보듯이
뜨거운 눈물을 흘려 본 사람이
절망에서 피어나는 꽃을 알아 간다.

꺼져 가는 불꽃이라고 해서
다시 타오르지 못하는 것은 아니다
불씨가 남아있기에
연소할 힘이 남아 있어
제 몸을 태우는 헌신을 배워 간다.

침묵한다 하여
소리를 낼 줄 모르는 것은 아니다.
다만, 알 수 있는 것

때로는 침묵이 큰 소리보다도
더 강한 메시지가 됨을 배우는 것이다.

날개를 잃었다고 해서
영원히 날 수 없는 것은 아니다
추락하는 것에도 날개가 있고
긴 기다림 끝에 새 날개를 펴
더 높이 날 수 있음을 배워가는 것이다.

가을에는 사랑하게 하소서

가을에는 사랑하게 하소서
떠날 때를 알고 있는 나뭇잎처럼
낮은 곳으로 흐를 줄 알게 하소서

을숙도를 지키는 이름 모를 사람들에게조차
엽서 한 장 띄울 수 있는 마음으로
이 세상을 돌아보게 하소서

나이가 만수에 찰수록
더해가는 쓸쓸한 가을이 되지 않게 하시고
마음이 가난해질수록 가난한 사랑을 하게 하소서

그윽한 찻잔의 온기를 가슴에 담아
추운 곳을 향한 두려움까지도
이겨낼 수 있는 용기를 주소서

네잎클로버의 행운의 날보다도
잔잔한 일상을 사랑하게 하시고
큰 나무에 가려진 그늘진 삶도 돌아보게 하소서

노인의 투박한 손과
외 지팡이의 흔들림을 사랑하게 하시고
죽음까지도 사랑할 수 있는 용기를 주소서

인생은 일생一生으로
번복할 수 없는 단 한 번의 기회임을 알게 하시고
지는 꽃마저도 사랑하게 하소서

과거에 집착하지 말게 하시고
이미 남루해진 바지 자락 속에서도
무릎을 꿇지 않게 하소서

바다를 항해하고 깃대를 높이 올려
만선으로 돌아오는 어선처럼
우리의 가을을 풍요롭게 하소서

다 해도 못다 한 사랑
부디,
이 가을에는 사랑하게 하소서..

연꽃잎이 필 무렵

갈매기조차 울다 지친 밤에는
파도소리 유난히 거세다
매일 떠오른 햇살은
거친 파도가 지난 후에 더욱 빛난다

기름도 없이 타다 남은 재는
검게 그을러 있을 뿐
고열로 앓았던 흔적만이
검은 상흔으로 남아있다.

들녘에 남겨진 허수아비
남은 것은 낡은 천 한 조각
빼곡한 검은 상처들이 꿰매지고
새 살이 돋아나는 봄의 계절.

기립하여 손뼉 치며 소생하는 꽃들이여
지난겨울은 잊어버리자
꽃마차를 타고 달려 나가
풀꽃으로 화관을 쓰자.

들판의 민들레처럼 노란 모자도 쓰자
비틀어진 나뭇가지에도 꽃은 피고
의미를 부여하는 순간
내게로 와서 꽃이 되었다.

사랑의 파수꾼 그리움은 세월이 지나도
향기도 잃지 않고 늙지도 않는 꽃이 된다는 것을
연꽃잎이 필 무렵이 되어서야
나는 비로소 알게 되었다.

너와 나 사이에

이해와 존중은
마른 대지 위에 내리는
단비와 같습니다.

인연의 끈으로 이어진
너와 나 사이에
이해와 존중의 사랑으로
한 사람의 마음 밭에
소중히 기억되는 이름을
만들어보는 것은 어떠한지요.

지난날을 남겨야 할 시간이
가까이 왔을 때
부끄럽지 않은 삶을 위하여
아픔 하나에 귀 기울이고
웃음 하나를 나누어주는
너와 내가 되는 것은 어떠한지요.

이해와 존중 사이에는
마르지 않는 강물이 흐르고
마르지 않는 꽃향기가 흐르고

너와 나의 사이에는 이해와 존중이 있어
마르지 않는 사랑이 흐른다면
우리의 삶이 보다 신명나지 않겠는지요

말 한마디

어떤 사람은
말속에 정성이 담겨있어
듣는 이가 감사하고
어떤 사람은
말속에 뼈가 있어
듣는 이가 아프다

어떤 사람은
말속에 따스함이 있어
듣는 이가 정겹고
어떤 사람은
말속에 가시가 있어
듣는 이가 상처가 된다

어떤 사람은
말속에 사랑이 있어
듣는 이가 함께 있고 싶고
어떤 사람은
말속에 독이 있어
듣는 이가 헤어지고 싶다

어떤 사람은
말속에 겸손이 있어
듣는 이가 존중하고
어떤 사람은
말속에 거만이 있어
듣는 이가 천히 여긴다

어떤 사람은
말속에 빈정임이 있어
듣는 이가 미웁고
어떤 사람은
말속에 애정이 있어
듣는 이가 그립다

아우라의 빛이 있게 하소서

내 삶을 싸고 있는
많은 거짓의 현상 속에
옳은 것을 바로 볼 수 있는
명철한 눈을 주시고

물질 만능의
풍요로움 속에서도
굶주림이 곳곳에 있음을
잊지 않게 하시고

과잉생산과 과잉소비
흥청거리는 흔들림 속에서도
응축과 농축으로
시간을 녹이게 하소서

이 시대의 꿈나무들을
바로 세워줄 수 있는
현명함과 지혜의 주인이 되어야 함을
잊지 않게 하시고

우리에게
생명의 사람들이 옆에 있게 하시고

우리도 그들에게 생명의 사람으로
옆에 있게 하소서

잉여의 시대에
잉여의 사람이 되지 않게 하시고
꼭 필요한 한 사람으로
이 세상을 살아가게 하소서

퇴색하고 흐려지는
혼미한 색상 속에서도
열정과 집중력의 사람으로
그러나 정중함을 잃지 않게 하소서

근원이 없는 길바닥에
고여 있는 물이 되지 않게 하시고
언제나 근원을 잃지 않는
흐르는 물이 되게 하소서

우아한 태도와
인자한 미소를 몸에 익히며
정제된 언어로 신뢰감이 결합되어
한 줄기의 아우라의 빛이 되게 하소서.

평설

가능한 성찰의 영역, 광대한 시심의 가능성을 기대하다

김용재
시인, 국제PEN한국본부 이사장

신경희 시인과의 만남

 2022년 5월 24일, 국제펜한국본부 주최 서울역사문학기행이 있었다. 덕수궁, 퇴계집터, 김장생 생가터, 서울시립박물관, 배재학당터, 배재학당역사박물관, 정동교회, 중명전, 러시아공사관터를 둘러보는 일정이었고 해설은 김경식 사무총장이 맡았다.
 덕수궁에서였다. 갑자기 한 회원이 다가와 "이사장님 저 신경희입니다, 대전에서 왔어요" 하며 인사를 했다. 카메라를 둘러메고 그래도 가볍게 다가온 모습과 말씨와 미소와 인상이 처음 만나는 사람 같지 않았다. "대전 살면서 어디 있다가 이제 나타났는가"하며 이야기를 나누면서 쉽게 가까워졌다.

회원들과 함께 다니면서 주요한 곳곳에서 촬영했고 대전에 와서도 쉽게 만나곤 했다. 대전펜, 한국문학시대, Poetry Korea, 3·8민주의거기념사업회, 또는 외지 탐방길에서도 만났다. 그때마다 그는 기록을 위한 촬영을 열심히 하였고, 수집을 했고, 많은 일을 도왔다.

그의 이력을 살펴보았다.

그는 우련(祐練) 신경희(申敬熙)라고 꼭 이름 앞에 아호를 붙였다. '도울 우'에 '익힐 련' 도와서 익힌다는 의미일까, 능숙하고 미끈하게 갈고닦음의 의미를 확장한다는 것일까. 수련, 수행, 수도, 단련, 세련의 내면을 모두 포용하는 것일까. 생각하다가 본인에게 물어보았다. 지인이 지어 주었는데, '수련·수행·단련을 통해 자수성가하여 꽃을 피운다'는 의미라고 했다. 믿음은 행동의 바탕이 될 것이란 생각을 해 보았다.

신경희는 강원도 춘성군 출생. 충남대 일어일문학과 석사. 충남대 국어국문학과 문학박사. 캐나다 밴쿠버에 거주(2006 - 2015), UBC Asian Studies에서 허남린 교수가 수행하는 모노그래프 프로젝트의 연구원으로 일하면서 조선사회 연구모임에 참여했다.

2009년 《서정문학》에서 〈심상〉·〈겨울잠〉·〈봄맞이〉로 신인문학상 등단. 그 후 『영문대표작선집』, 『한국대표서정시선』, 『한겨레문학』, 『Poetry Korea』 등에 작품을 발표했다. 주요작품으로 〈시짓는 여자〉·〈벽화마을〉·〈도시의 갈증〉·〈갈증〉·〈도시의 광장〉 등이 있다. 인터넷을 찾아가면 〈저녁노을에 쓰는 편지〉·〈가을에는 사랑하게 하소서〉·〈무소식〉·〈말 한마디〉·〈노을의 뒷모습이 아름답다〉 등이 소개되어 있다.

전 일본어 강사로 활동했으며 현재 한국국학진흥원 근대기록문화조사원, CMB시민기자, 대전시청자미디어센터 시니어 제작단으로 활동하며, KAIST-CNUST 한글학교를 운영, 충남대·한밭대·KAIST 등에서 석·박사과정 외국인 학생들에게 한글 교육을 8년째 하고 있다.

신경희 시인의 시세계

우선 신경희 시인이 『그런 사람이면 좋겠다』란 제목을 붙여 첫 시집을 펴낸다. 이 시집의 첫 작품으로 〈시짓는 여자〉를 배치했다. 무슨 별다른 사연이 있을까 생각해 보니 그런 것은 아닌 듯했다. 자신이 아끼는 작품이며 자신의 모습을 형상화한 작품으로 의미를 새긴 듯 그렇게 다가오는 것이었다.

밥을 짓는 여자도
이삭을 줍는 여자도 아닌,

두레박을 깊이 던져

정수를 끌어올려 詩를 줍는 여자

돌과 돌 사이를 돌고 돌아 부딪히며

맑은 눈물방울 뚝뚝 떨어지는 날

달빛 차가운 깊은 우물 속에

흥건히 젖은 詩 한 조각

두레박에 길러온 여자

햇볕에 말려 시 짓는 여자.

- 〈시 짓는 여자〉 전문

  시 짓는 여자는 밥을 짓는 여자가 아니다. 이삭을 줍는 여자도 아니다. 일상의 일을 하면서도 일상의 평범한 여자가 아니라는 뜻을 강조한다. 그럼 시 짓는 여자는 누구일까. 두레박을 깊이 던져 정수를 끌어올리는 여자다. 이 정수가 곧 시인 셈이다. 그렇다면 정수는 정수(精髓)일까, 정수(井水)일까, 생각을 다듬어보지 않을 수 없다. 정수(精髓)는 뼛속에 있는 골수요, 사물의 중심이 되는 골자 또는 요점이다. 정수(井水)는 정화수(井華水) 또는 정안수이며, 이른 새벽에 길어 올린 맑고 정결한 우물물이다. '빌다', '빌어 올리다'와 같은 의미가 함의된 말이다.

  그렇다면 정수(精髓)도 정수(井水)도, 이 시에서는 모두 통용될 수 있다고 필자는 생각한다. 시인이 끌어올린 시에는 두 유형의 정수가 모두 시의 생명력으로 작용할 수 있기 때문이다. 이제 이 정수에는 소원, 기원, 희망, 정성으로부터 정신적 풍요나 예지로 그 의미망이 확충되고 있음을 인지할 수 있을 것이다.

　시인은 이 정수를 끌어올리기까지 떠돌며 고생하고 상처 또한 많았을 것이다. 삶의 한가운데 강인한 정신력을 투사하기까지, 그래서 시 짓는 여자로 발돋움하기까지 인고의 세월을 경작했을 것이다. 이제는 눈물방울도 흥건히 젖은 시 한 조각도 햇볕에 말려서 새로운 시 한 편으로 탄생시킬 수 있을 것이다. 〈시 짓는 여자〉는 시인 자신이며 시인의 아바타로 굳게 자리 잡을 것이다.

　　사람은 누구나
　　섬 하나씩 만들고 있다.

　　사람은 누구나
　　섬 하나씩 가지고 있다.

　　사람이 그리워
　　뭍으로 나왔다.
　　　　– 〈섬〉 전문

섬은 주위가 수역으로 둘러싸인 작은 육지다. 생활 공간으로서의 섬이 있지만, 여행의 섬, 힐링의 섬, 도피의 섬, 무인도 등 그 유형도 많이 있다. 고요하고 아름다운 섬이 있는가 하면 외롭고 쓸쓸하고 가난한 섬도 있다. 그러나 여기 시인이 설정한 섬은 마음의 섬이요, 가슴의 섬이다. 타인이 알 수 없는 절망, 이별의 슬픔, 아픔 등을 품고 내 가슴에 자리하고 있는 섬인 것이다. 그래서 더욱 외롭고 그래서 더욱 그리운 심경이 새겨진다. 보고 싶어 애타는 마음, 만나고 싶은 마음의 간절함, 슬픔 그 이상의 몸부림이 있을 것이다. 추억 속에 묻힌 설렘도 있을 것이고 바다 내음 흩날리는 이국의 정취도 있을 것이다. 캐나다 밴쿠버에서 시인은 한때, 학문의 길에서의 좌절, 경제적 파탄 등 아픈 환경의 변화에 숨죽이며 외국이라는 섬에서 조국을 많이 그리워했을 것이다. 아마도 이 섬은 외로움 속에 존재의 기반을 마련한 풀꽃의 춤사위와 같은 그리움이 된 것이다.

    결이 고운 청사색의 치마폭에
    혼을 그려 놓으리

    은빛의 바다 물결 마주하며
    평화의 음성 새기리

화려하게 몸단장을 하고
맞선을 보리

저 멀리 보일듯한 갈색과 자색을 섞어
이 한몸 들꽃이 되리.
- 〈가을맞이〉 전문

여기 가을은 우리들이 맞이하는 네 계절 중 하나지만, 오래 기다려온 연모의 대상이고 그리움의 표상이다. 그래서 청자색 치마폭의 가을에 혼을 그려 놓겠다(1연), 은빛 바다물결의 가을과 마주하며 평화의 음성 새기겠다(2연). 이제는 화려하게 몸단장을 하고 가을과 맞선을 보겠다고 한다(3연), 마침내 저 멀리 보일듯한 갈색과 자색을 섞어 놓은 들꽃으로 환생을 하겠다 한다(4연).

결국은 들꽃이 되어서 가을을 맞이하겠다는 것이다. 그런데 들꽃은 갈색과 자색을 섞어 놓은 것이다. 이제 들꽃은 시인의 변신이고 갈색과 자색은 시인의 색깔인 것이다. 여기서 갈색은 자연과 대지의 이미지, 가족이나 친구들을 소중히 여기는 마음, 안정적인 사람이나 따뜻한 사람을 상징한다고 한다. 자색은 권위, 존귀함, 명예, 용기, 인내, 끈기 등을 상징한다고 한다. 광범위한 대상을 짧게 표현한 무리수도 있지만, 시인의 가을

맞이는 평화적 상상력의 서정적 결집이라는 점에서 의미가 깊다고 할 것이다.

거실 귀퉁이에
목이 돌아가고
얼굴이 다 찌그러진
세워놓는 스탠드가 있다.
옆집 중국 아저씨가
이사 가면서 버리고 간 것이다.
모양새는 그래도
침침한 거실에 어둠을 밝히는
빛나는 얼굴의 한 식구다.
그저 모셔오니 효도한다.
말수도 없다.
— 〈스탠드〉 전문

 살면서 우리는 주거공간을 밝고 아름답게 꾸미고자 한다. 그때 느낌 있는 인테리어 아이템을 살피고 어느 공간에도 어울리는 스탠드를 찾아 나서기도 한다. 그러나 시인은 남이 버리고 간 볼품없는 스탠드를 내 집 식구로 맞이한다. 그저, 그냥, 그대로, 변함없이의 의미이고, '말수도 없다'는 버려진 사연이나, 볼품없는 모습 등 자신의 어떤 치부를 말하지 않는다는 의미다. 어둠을 밝히면서 한집안 식구로서의 구실을 성실히 하겠다는 반전의 의미가 숨어있다. 남의 집에서 버린 것이 나의 집 보물이 되고 가난도 빈곤도 궁핍도 아름다운 시심 속에 묻혀 버린다.

지금, 이 스탠드는 환경변화에 당당하게 적응하고 있다. 스탠드의 현실을 직시하며 시인은 어둠을 밝히는 빛나는 얼굴을 새삼 발견한다. 시인의 초월적 긍정의 에너지가 함께 빛난다.

반은 벙어리요
반은 귀머거리라.
가슴은 쩔쩔 끓어
붉은 선혈 목줄기를 타고 올라와도
누구의 쇄국령인가
입은 열리지 않고
마음만 빈집인줄 알았더니
하얀 머릿속에
회오리만 요란하다.
– 〈이국의 장애인〉 후반부

시인은 캐나다 생활의 속내를 종종 이야기했다. UBC에서 허남린 교수의 강의를 네 과목이나 청강하면서 잘 들리지 않고, 말할 수 없는 언어의 장벽으로 인하여 고생했던 초기 이국 생활의 서러움을 가슴 아프게 들려주고 있다. 시인은 학문에 대한 열정으로 가슴이 끓어올랐던 심정과 반대로 입이 열리지 않는 고통의 시간을 이야기하면서, 본인 스스로 언어 장애인이라고 토로한 내용이다. 욕망과 믿음의 그 가슴속에 끓어오르는 열정과 언어 장애인으로서의 슬픔과 고통이 꾸밈없이 펼쳐지고 있다.

신경희 시인의 시 다섯 편을 살펴보았다.
〈시 짓는 여자〉는 시인 자신이며 시인의 아바타로 자리잡는 것이다. 〈섬〉은 외로움 속에 존재의 기반을 마련한 풀꽃의 춤사위와 같은 그리움이다. 〈가을맞이〉는 평화적 상상력의 서정적 결집이다. 〈스탠드〉는 초월적 긍정의 에너지다. 〈이국의 장애인〉은 이국에서의 언어 장벽에 어리는 슬픔과 고통의 파노라마다. 그러나 신경희 시인의 시적 에스프리는 〈소유할 수 없는 소유〉와 〈그런 사람이면 좋겠다〉에 있다.

〈소유할 수 없는 소유〉는 물질만능주의 시대에서 겪어야 하는 고통에서 벗어나고자 시도한 시인의 깊은 사색이라 할 수 있다. 가난하지만 우리가 마음대로 소유할 수 있는 것은 신이 우리에게 준 혜택 그 자연인 것이다. 자연은 늘 동경의 대상이고 감사의 대상이 된다. 명백하진 않지만, 이 자연은 유물론적 입장으론 소유할 수 없지만, 유심론적 입장으로 소유할 수 있는 것이다. 그래서 소유할 수 없는 소유가 되는 것이다.

 이 시집의 표제로 뽑은 〈그런 사람이면 좋겠다〉는 주체적인 삶과 성찰을 위한 노래이다. 그런 사람은 곧 시련 속에 꽃이 피어난 사람, 그늘진 삶을 이해하는 따뜻한 사람, 벌레 하나 풀 하나까지 소중히 여기는 사람, 눈물이 있는 사람, 미소가 많은 사람, 배려가 많은 사람 등등이다. 신경희 시인의 성찰의 영역은 광대하다. 광대한 시심, 응집의 힘, 열정적인 세상 보기가 시인의 자랑이 될 것이다.

국제PEN한국본부
창립70주년기념 시인선 08

그런 사람이면 좋겠다

저자 신경희

기획·제작 **국제PEN한국본부** International PEN-Korea Center **pen** | 이사장 김용재

발행일 2023년 6월 19일 (초판 1쇄)
2023년 12월 11일 (초판 2쇄)
발행처 기획출판오름 Orum Edition
발행인 김태웅
등록번호 동구 제 364-1999-000006호
등록일자 1999년 2월 25일
주소 대전광역시 동구 대전로 815번길 125
전화 042-637-1486
팩스 042-637-1288
e-mail orumplus@hanmail.net

ISBN _ 979-11-89486-80-8

값 10,000원

· 본 책 내용의 전부 또는 일부를 재사용하려면 반드시 저자의 동의를 얻어야 합니다.
· 지은이와의 협의에 의해 인지는 생략합니다.